AFFAIRE LAPORTE

MÉMOIRE

soumis au Sénat et à la Chambre des Députés

> Il ne s'agit pas ici de discuter ; mais uniquement de constater des faits. Par quelle aberration et dans quel intérêt s'obstine-t-on, dans un milieu officiel français, à soutenir, contre des français, sans produire même un semblant de preuve, le contraire de ce que démontrent les documents, et de ce que les tribunaux espagnols ont reconnu ?

NICE

IMPRIMERIE DES ALPES-MARITIMES

6, Passage Gioffredo, 6

—

1910

AFFAIRE LAPORTE

MÉMOIRE

Soumis au Sénat et à la Chambre des Députés

RÉCIT SOMMAIRE D'APRÈS LES DOCUMENTS AUTHENTIQUES

Fortune de Pierre Laporte en 1809, s'élevant à 2.000.000 de francs

Pierre Laporte, négociant français, né à Bordeaux, établi à Cuba, possédait, dans cette île, des biens meubles et immeubles évalués, en divers inventaires, à la somme totale de 397.000 *pesos fuertes*, soit environ deux millions de francs (X, XIV, XIX, XXVI, XXXII, XXXII bis, XXXII ter, XXXII quater, XXXIII, XXXVIII, XLIII bis, XLVII, XLIX, LVII). (*)

Origine de l'affaire. Capture d'un navire en vertu d'une lettre de marque régulière de l'autorité française

Obéissant à une circulaire du Ministre de la Marine Française, qui faisait un appel pressant aux armateurs et capitaines « pour les exciter à armer contre les ennemis de la France » (IV), il équipa en 1808, un corsaire, qui s'empara d'un navire anglais appartenant au négrier Samuel Grove.

Saisie des biens de Laporte sur la plainte du capturé, le sieur Samuel Grove

La Commission française de Saint Domingue valida la prise ; mais le capturé, tout en faisant appel de ce jugement au Conseil des prises, de Paris, accusa le capteur de piraterie devant le Capitaine Général de Cuba, qui fit saisir les biens du négociant français les 15, 16 et 17 février 1809 (XXVI).

Séquestre des biens ou représailles de guerre

Le 12 juillet suivant, cette saisie fut transformée en séquestre pour cause de représailles, la guerre étant déclarée entre la France et l'Espagne, et les biens de Laporte furent remis à la junte des représailles (XLII).

Jugement du procès privé intenté à Laporte qui est condamné au paiement d'environ 400.000 francs

Le procès intenté par Grove fut jugé, le 7 novembre 1810, par le Capitaine Général, qui accorda à l'adversaire de Laporte une somme de 78.000 *pesos fuertes*, ordonnant que le surplus des biens saisis restât à la disposition de la junte des représailles (XLIV, XLV).

(*) Les chiffres romains entre parenthèses indiquent la cote des documents dans la liste générale des pièces justificatives. Le présent Mémoire donne, en appendice, le résumé ou des extraits de celles auxquelles il se réfère.

Le gouvernement espagnol n'a pas cessé d'être responsable du surplus, soit plus de 1.500.000 francs

Ce surplus était donc de 319.000 *pesos fuertes*, soit plus de un million et demi de francs, dont la junte des représailles, et, par conséquent, le Gouvernement espagnol, restaient responsables, quels qu'aient été les actes illégaux, les dilapidations et les déprédations sur lesquels il serait superflu d'insister ici.

Reconnaissance de cette responsabilité par les autorités espagnoles

Les autorités de Cuba ont d'ailleurs reconnu cette responsabilité en prenant, à diverses époques, des mesures pour assurer la conservation des propriétés de Pierre Laporte (XIX, XLII, XLIII, LVII, LVII bis, LVII ter, LX bis, LXI bis, LXI ter, LXI quater, LXII bis, LXII ter, LXII quater, LXIV. LXXX, LXXXI).

Traité de paix conclu entre la France et l'Espagne le 20 juillet 1814

Le 20 juillet 1814, fut conclu le traité de paix entre la France et l'Espagne. L'article Ier additionnel est ainsi conçu :

« Les propriétés, de quelque nature qu'elles soient, possédées en France par les Espagnols, ou par les Français en Espagne, leur seront restituées dans l'état où elles se trouvaient au moment du séquestre ou de la confiscation. La levée des séquestres s'étendra à toutes les propriétés qui se trouveront dans ce cas, qu'elle qu'ait été l'époque où elles auront été séquestrées.

« Les discussions d'intérêt existant en ce jour ou qui pourront exister dans la suite entre Espagnols et Français, soit qu'elles aient commencé avant la guerre, soit qu'elles aient une origine postérieure, seront terminées par une commission mixte ; ou, si ces discussions étaient exclusivement de la compétence des tribunaux pour l'une et l'autre partie, il sera recommandé aux tribunaux respectifs de faire bonne et prompte justice ».

Retour de Pierre Laporte à Cuba. Ses réclamations

Le 16 décembre 1818, Pierre Laporte réclama la restitution de sa fortune séquestrée (LIII).

Arrestation de Grove. Saisie de ses biens. Sa mort

Grove avait été emprisonné pour crime de fausse naturalisation ; les autorités de Cuba avaient saisi ses biens, et il venait de mourir empoisonné dans sa prison (LIV, LV, LVI, bis).

Les biens de Laporte livrés à Grove reviennent au pouvoir des autorités espagnoles

Les propriétés de Laporte, livrées à Grove en paiement des sommes à lui allouées par le jugement du 7 novembre 1810, étaient revenues entre les mains des autorités espagnoles (LVI bis, LXII bis).

Pierre Laporte meurt dans la misère

Malgré des instances réitérées (LVIII, LIX) Laporte n'obtint pas la restitution qu'il demandait. Il mourut dans la misère, à Santiago-de-Cuba, le 24 juillet 1820. (LX bis).

Réclamations de ses héritiers

Ses héritiers reprirent la réclamation le 22 mai 1821 (LXI).

Le Capitaine Général décide qu'il faut attendre la sentence du Tribunal Suprême de Guerre et de Marine

Le Capitaine Général de Cuba décida qu'il y avait lieu d'attendre la sentence du Tribunal Suprême de Guerre et de Marine de Madrid, cour supérieure des colonies espagnoles, devant lequel le procès de Grove contre Laporte avait été porté en appel (LXII).

**Il décide en outre, que les dettes
de Grove ne seront pas payées sur les biens de Laporte**

De prétendus créanciers de Grove voulaient que le montant de leur créance fût prélevé sur les biens de Laporte, ce que le Capitaine Général refusa (LXII bis).

**Le Gouvernement français soutient les héritiers Laporte et demande
la restitution pure et simple**

Le Gouvernement français prit officiellement parti pour ses nationaux et, considérant comme nul le jugement rendu en faveur de Grove, réclama la restitution en vertu du premier paragraphe de l'article 1er additionel du traité du 20 juillet 1814 (LXIV bis, LXVI, LXVII, LXVIII, LXIX, LXX, LXX bis, LXX ter, LXX quater, LXX quinquies, LXXI bis, LXXII).

**Le Gouvernement espagnol prétend qu'il faut attendre la décision
du Tribunal Suprême de Guerre et de Marine**

Le Gouvernement espagnol soutenait qu'il était nécessaire, préalablement à toute restitution, de faire vider le procès privé par le Tribunal Suprême de Guerre et de Marine, conformément au second paragraphe du même article.

Les deux Gouvernements reconnaissent qu'il s'agit d'exécuter le traité de 1814

Aucun des deux Gouvernements ne niait que le traité de 1814 ne fût parfaitement applicable à l'espèce (id., id., id.).

Acceptation de la juridiction du Tribunal Suprême de Guerre et de Marine

Par une note, en date du 20 février 1862, M. Adolphe Barrot, ambassadeur de France, accepta, sous réserve, au nom du représentant des héritiers Laporte, la juridiction du Tribunal Suprême de Guerre et de Marine (LXXII).

**Sentences de ce Tribunal ordonnant la restitution des biens de Laporte,
y compris les récoltes depuis 1809**

Cette Cour souveraine prononça, en dernier ressort, deux sentences, les 24 octobre 1864 et 20 octobre 1865, ordonnant que tous les biens saisis sur Pierre Laporte seraient restitués à ses héritiers, y compris les récoltes d'une très importante caféière, depuis le jour de la saisie, en février 1809.

Réserve relative aux fonds provenant du navire capturé

Une réserve était faite en ce qui concernait les fonds provenant du navire capturé, lesquels devaient rester sous séquestre tant qu'on n'aurait pas la certitude que le jugement de bonne prise prononcé par la Commission de Saint-Domingue avait acquis l'autorité de la chose jugée, et que personne n'élevait de prétention sur ces fonds (LXXIII, LXXIV).

**Attestations du Conseil d'Etat de France et du Tribunal Suprême de Guerre
et de Marine rendant nulle la réserve ci-dessus**

Or, une attestation du Conseil d'Etat de France, du 30 décembre 1864, prouve qu'il ne fut donné aucune suite à l'appel de la sentence de Saint-Domingue (LXXVII) et un certificat du greffe du Tribunal Suprême de Guerre et de Marine, du 19 décembre 1865, constate que les créanciers de Grove ne se sont pas présentés en justice, quoique régulièrement assignés (LXXIX bis).

Les deux Gouvernements reconnaissent que l'affaire est terminée

L'affaire fut considérée par les deux Gouvernements comme terminée sous ses deux aspects, diplomatique et judiciaire (LXXV, LXXVI). Il ne s'agissait plus que d'exécuter à la fois, par une même restitution, le traité de 1814 et les sentences du Tribunal Suprême (LXXVII, LXXVIII, LXXIX, LXXIX bis).

On procède à la liquidation

L'Intendant général de Cuba s'occupa de cette dette de l'Etat espagnol.

Reconnaissance par l'Intendant général de Cuba de sommes importantes appartenant à Pierre Laporte

Il constata dans deux rapports (LXXX), que des sommes importantes étaient inscrites au nom de Pierre Laporte, dans les registres de la colonie, et demanda des fonds pour les premiers paiements à effectuer.

Proposition de transaction pour 15 millions de francs

Il avait, d'autre part, reçu une proposition de transaction pour la somme de trois millions de *pesos fuertes*, soit plus de quinze millions de francs, la liquidation, non encore terminée, s'élevant, à ce moment, à plus du double de cette somme. (LXXXI).

Le Gouvernement de Madrid refuse toute restitution Ordre royal du 20 août 1868

Mais le Gouvernement de Madrid n'accepta pas la transaction, et déclara, par un ordre royal du 20 août 1868, que les héritiers Laporte n'avaient droit à aucune restitution.

Ce que c'est qu'un ordre royal en Espagne Le Tribunal Suprême de Guerre et de Marine ne tient aucun compte de celui-ci

Un ordre royal, en Espagne, est simplement, sous son nom pompeux, une décision ministérielle, et celle-ci a si peu de valeur que le Tribunal Suprême de Guerre et de Marine, n'en tenant aucun compte, réitéra, à plusieurs reprises, au Capitaine Général de Cuba l'ordre d'exécuter les sentences des 24 octobre 1864 et 20 octobre 1865 (LXXXIX, XCII, CIII).

Sa dernière sentence, en date du 16 mars 1883, reconnaît qu'il s'agit, en cette affaire, de l'exécution du traité de 1814

Le dernier de ces arrêts, par lequel il est formellement reconnu qu'il s'agit, en cette affaire, de l'exécution du traité de 1814, date du 16 mars 1883.

Le Gouvernement français continue à appuyer les réclamants jusqu'en mai 1877

Après l'ordre royal, le Gouvernement français ne cessa pas de soutenir les droits des réclamants jusqu'au mois de mai 1877 (LXXXVI bis, LXXXVIII bis, XCV, XCVI. Voir aussi la lettre de l'Amiral Jaurés, ambassadeur de France, XCVI bis).

En juin 1877, scandaleuse volte-face inexpliquée

Au mois de juin 1877, le Ministère des Affaires étrangères de France changea brusquement d'attitude à l'égard des héritiers Laporte. Ce qui, jusque là, était à ses yeux, un droit incontestable, devint subitement une insoutenable prétention (XCVI, C), et il s'est toujours refusé à faire connaître la cause de ce revirement inattendu. Je me contente aujourd'hui de signaler cette étrangeté.

Le Gouvernement français adversaire des héritiers Laporte, qui sont défendus par le Tribunal (aujourd'hui Conseil) Suprême de Guerre et de Marine d'Espagne

Depuis le mois de juin 1877, le véritable adversaire des Français qui réclament les biens à eux adjugés par la Justice espagnole, est le Ministère des Affaires étrangères de France.

Procédés employés par le Ministère des Affaires étrangères de France
La falsification du dossier

Il a eu, jusqu'ici, deux moyens principaux d'assurer son triomphe en cette lutte : la falsification volontaire ou involontaire du dossier (on en verra un exemple remarquable par la note examinée ci-après), et, dans les situations délicates, la demande d'une nouvelle enquête ou d'un nouveau rapport de l'Ambassade.

Le coup de l'enquête

Le coup de l'enquête a réussi devant les Chambres en 1879 et 1880. On n'a plus eu de nouvelles de l'enquête ordonnée en ce temps.

L'état de l'affaire en janvier 1904

Le coup du rapport a été tenté en 1904, non pour la première fois, lorsque le sous-directeur d'alors parut convaincu par la lecture, — qu'il voulut bien faire en ma présence, — de certaines pièces du dossier.

Le coup du rapport

Tous les doutes semblaient dissipés ; mais le Ministre décida qu'on demanderait un nouveau rapport à l'Ambassade. J'ajoute — sans vouloir tirer de ce fait aucune conséquence, — que, peu de jours après, le sous-directeur et son subordonné préposé à l'étude de l'affaire quittaient, en même temps, les bureaux du contentieux.

L'ordre de procéder à une nouvelle étude fut envoyé à Madrid dans les premiers jours de février 1904. J'allai veiller sur place à ce que l'ordre ne tombât pas dans l'oubli, et à ce que l'étude ne déraillât que le moins possible.

L'étude d'un différend franco-espagnol
confiée par l'Ambassade de France à un sénateur espagnol

J'appris par M. l'Ambassadeur Jules Cambon, dont je ne saurais oublier le bienveillant accueil, que le nouvel examen de notre réclamation était confié à un avocat, sénateur espagnol. Cet éminent jurisconsulte m'avoua connaître depuis longtemps l'affaire Laporte, et avoir conclu, plusieurs fois déjà, contre les réclamants, ce qui ne l'empêcha pas de rechercher à nouveau avec soin et de me communiquer, — lorsque j'allais lui demander des nouvelles de son travail, — les arguments les plus subtils contre nos prétentions. J'y répondais par des notes, dont je remettais une copie à l'Ambassade. Cela dura jusqu'au 13 juillet.

Communication VERBALE des conclusions
SEULES du rapport, après une attente de deux ans et trois mois

Le rapport, signé par le Conseiller de l'Ambassade, arriva à Paris en décembre, et, malgré d'incessantes démarches, je ne pus avoir communication de deux ou trois phrases de la conclusion, et non du rapport entier, que le 17 avril 1906, deux ans et trois mois après le jour où M. le sous-directeur et moi étions tombés d'accord sur la solution, c'est-à-dire sur le recours, en cas de refus de l'Espagne, à l'arbitrage, d'ailleurs obligatoire, du Tribunal international de la Haye.

Contraste entre les procédés français et les procédés espagnols

Il y a un contraste frappant, et qui nous humilie quelque peu, nous Français, entre cette façon de procéder, toujours courtoise dans la forme, — j'aime à le reconnaître, — mais d'une irritante maladresse quant au fond, et l'habileté, non moins courtoise, mais raisonnée des hommes d'État espagnols. Aucun des nombreux ministres et hommes politiques de la Péninsule, appartenant à tous les partis, avec qui j'ai eu l'honneur de m'entretenir de la réclamation Laporte, à diverses époques, ne s'est retranché derrière des arguments insoutenables pour se dérober à la discussion. Plusieurs même ont fait procéder à une nouvelle étude de l'affaire. Sans se prononcer sur le fond, ils déclarent qu'ils ne peuvent prendre, devant l'opinion, la responsabilité de décider ou de proposer un règlement de cette importance à la requête de simples particuliers.

2

Raisons des hommes d'état espagnols pour invoquer l'ordre royal de 1868, tant que le Gouvernement français n'interviendra pas officiellement

Il est nécessaire, d'après eux, que la France intervienne par la voie diplomatique officielle — non pas seulement officieuse. — Tant que cette intervention ne se produira pas, l'ordre royal de 1868, dont on ne soutient pas sérieusement la validité, servira à repousser, dans les réponses officielles écrites, les demandes des réclamants.

Correction de cette attitude

On ne peut nier que cette manière de poser la question, quelle que soit la pensée intime qui l'inspire, n'ait le mérite d'être, à la fois, courtoise, loyale et logique, étant donné l'état des esprits chez nos voisins, et les efforts tentés par leurs hommes politiques de tous les partis pour mettre fin à de vieilles préventions, en traitant les affaires financières au grand jour, avec toutes les garanties désirables.

Voilà trente-deux ans que les héritiers Laporte, citoyens français, assistent à ce spectacle, inconnu ailleurs que chez nous, d'un tribunal étranger défendant leurs droits contre leur propre pays, qui affiche à leur égard une hostilité inexpliquée et inexplicable. Il faut pourtant que cette situation ait un terme.

Note et lettre ministérielles françaises qui ont la prétention de clore le débat

La note par laquelle notre Ministère des Affaires étrangères s'est enfin décidé à formuler des objections écrites, et la lettre ministérielle me signifiant qu'il ne sera tenu aucun compte des faits constatés et des décisions judiciaires invoquées en réponse à ces objections, posent le Ministre des Affaires étrangères en pouvoir absolu et irresponsable.

Le Ministre des Affaires étrangères a-t-il un pouvoir absolu ? Est-il irresponsable ? Nécessité d'une décision des représentants du pays

Il importe de savoir si les Représentants de la Nation reconnaissent un pareil caractère à un fonctionnaire, si haut placé qu'il soit, de la République Française.

Après le récit qui précède, dont tous les détails sont appuyés sur des documents authentiques, j'éprouve quelque honte à reproduire l'invraisemblable pièce sortie du Ministère qui a l'honneur de représenter la France dans ses rapports avec les Gouvernements étrangers.

Afin que l'inanité de cette note et de la lettre ministérielle qui l'approuve, saute aux yeux dès la première lecture, toutes les affirmations dont les pièces officielles démontrent la fausseté, ont été imprimées en caractères « gras » dans le texte de la note. Des indications ajoutées en marge facilitent la constatation de ces erreurs.

Nous répétons encore que cette affaire ne prête ni à interprétation ni à discussion. Les faits allégués de part et d'autre sont ou ne sont pas ; là est toute la question. Les documents y répondent complétement et clairement, sans qu'il soit besoin de les interpréter.

NOTE

OBSERVATIONS

DU FONDÉ DE POUVOIRS

DES HÉRITIERS LAPORTE[1]

Adressée par le Ministère des Affaires étrangères au représentant des héritiers Laporte, le 4 mars 1909.

Le 16 juin 1900, il a été déposé, contre récépissé, au Ministère des Finances, à Madrid, les pièces établissant les pouvoirs du mandataire soussigné et les droits de ses mandants. En août 1905, il a été soumis à un fonctionnaire du Ministère des Affaires étrangères de France 18 procurations régulières émanant de 43 héritiers, dont 28 français.

Les demandes de renseignements ont dû être innombrables ; mais peu ont été suivies de démarches sérieuses. On pourrait en donner la preuve si la chose avait quelque importance.

Le Ministère des Affaires étrangères a reçu un nombre considérable de requêtes émanant de prétendus héritiers de Pierre Laporte, décédé à Santiago-de-Cuba, le 25 juillet 1820, qui demandent à être mis en possession de la part d'héritage qui leur reviendrait. Différentes personnes, se disant mandataires de tous les héritiers ou de partie des héritiers Laporte, voudraient que le gouvernement français intervînt officiellement par la voie diplomatique auprès du gouvernement espagnol, qu'elles déclarent détenteur des fonds provenant de la succession.

Le Ministère des Affaires étrangères aurait pu opposer une fin de non recevoir à la plupart des demandes — si ce n'est à toutes — qui lui ont été adressées à ce sujet ; car il ne semble pas que, jusqu'à présent, les prétendus ayant droit aient fait la preuve de leurs qualités héréditaires, ni que leurs mandataires aient produit leurs pouvoirs. Il a cependant prêté ses bons offices, de façon officieuse, aux innombrables requérants pour leur fournir tous les renseignements qui pouvaient leur être utiles, et pour les aider, autant que possible, dans la défense de leurs intérêts.

Voici, en résumé, les faits essentiels de l'affaire :

Erreur. — Ce domaine était appelé la caféière Santiago. On n'a donc pas lu le dossier.

Erreur. — Un corsaire est un marin qui monte un navire armé en course. Laporte n'était pas marin ; il était l'armateur d'un chebeck, « le Réparateur », muni d'une lettre de marque régulière (I), et commandé par le sieur Louis Brun, de Bayonne. Ce fut celui-ci qui captura la « Sémiramis » et l'emmena dans le port de Santiago (V).

Quatre erreurs en une phrase : 1° Les fonds ne devaient pas être transmis en France (XX). — Lettre du général Ferrand, commandant à St.-Domingue,

M. Pierre Laporte possédait, dans l'île de Cuba, une caféière appelée **la Candelaria** et deux maisons sises à Santiago. A l'époque du blocus continental, **il se fit corsaire et captura**, le 16 décembre 1807, un navire, « la Sémiramis », avec chargement de 216 nègres, **qu'il emmena** dans le port de Santiago, le 18. Le tribunal français des prises, siégeant à Saint-Domingue, ordonna, le 31 janvier 1808, la vente du navire par l'intermédiaire des autorités espagnoles, le produit devant en être déposé, déduction faite de certains frais, dans la caisse des invalides de la Marine, jusqu'à ce que le ministre de la Marine et des Colonies ait fait parvenir la décision du Conseil des prises. Les 216 nègres devaient être vendus, pour le produit en être réparti aux capteurs.

Les fonds ne furent pas transmis en France, mais déposés dans les caisses espagnoles, **parce que, d'une part, la Semiramis se trouvait dans le port de Santiago, et que, d'autre part, la guerre avait éclaté entre l'Espagne et la France.** Le propriétaire du navire capturé, un **américain**, Samuel Grove, profita des hostilités commen-

---

(1) Les présentes observations renvoient aux pièces justificatives données en appendice. Les affirmations erronées de cette Note ministérielle sont imprimées en caractères **gras**.

du 21 juin 1808). — 2° Le gouverneur de Santiago s'était engagé à exécuter les instructions du général Ferrand (IX. — Décret du 26 février 1808.)— 3° Il manqua à son engagement en faisant déposer les fonds dans les caisses espagnoles (Décret du 1er juin 1808. — XIV). — 4° A cette date, la guerre n'était pas encore connue aux Antilles (Lettre du général Ferrand, du 21 juin 1808. — XX).

Erreur. — Grove, né en Irlande, fut emprisonné pour avoir usé d'une double naturalisation, américaine et espagnole (LIV, LV).

Résumé donnant une fausse idée de la sentence (XLV). Il fut alloué à Grove, en principal et dommages-intérêts, 78.000 pesos fuertes ou piastres, 46.610 avaient été déposées dans les caisses royales espagnoles. Il restait donc à prendre sur les biens de Laporte, 31.390, le surplus desdits biens devant rester (et non être mis) à la disposition de la junte des représailles. Mais les fonds déposés dans les caisses royales avaient disparu (XLVII) et leur valeur fut prise sur les biens de Laporte. La caféière fut vendue par abus de pouvoir et contre l'avis de l'administrateur du domaine royal (XXXVIII).

Erreur. — Grove avait été accusé de s'être servi de doubles lettres de naturalisation pour s'emparer des biens de Laporte (LIV, LV). Il fut mis en prison. Ses biens furent saisis, ainsi que ceux qui lui venaient de Laporte (LVI, LVII).

Erreur des plus graves. Le document LXXIX bis prouve qu'il n'existait plus de représentants de Grove en face des héritiers Laporte. Le rédacteur de la note n'a donc pas lu les sentences traduites textuellement sous les n°s LXXIII, LXXIV?

Tout ceci est faux. Les documents LVII, LVII bis, LVII ter, LVIII bis, LXI bis, LXI ter, LXI quater, LXII bis, LXII ter, LXII quater, LXIV prouvent que la caféière de Laporte était retournée au Gouvernement espagnol, qui s'en reconnaissait responsable. La réclamation des maisons a été abandonnée.

Erreur. — Un décret du capitaine Général de Cuba, en date du 19 avril 1867, (LXXXII), déclare que « le

cées pour former contre Pierre Laporte une accusation de piraterie, avec demande de dommages-intérêts, et fit pratiquer une saisie-arrêt sur tous les biens de Laporte, lequel avait dû fuir de Cuba. Au cours de ce procès, parut, le 15 juin 1809, un décret de la Suprême Junte du royaume d'Espagne qui ordonnait de séquestrer tous les biens des Français résidant en Espagne ou dans les colonies. Il reçut son exécution à Cuba en ce qui concerne les biens de Laporte ; mais sous réserve de la cause du sieur Grove.

Le procès intenté par Grove à Laporte se termina, le 7 novembre 1810, par une sentence qui accueillait entièrement la demande de Samuel Grove, **déclarait ce dernier propriétaire des fonds déposés dans les caisses royales et lui allouait encore d'autres sommes importantes.** Ces sommes ainsi que tous les frais, devaient être payés au moyen des caisses de Laporte, le surplus des biens **serait mis** à la disposition de la Junte des représailles. En conséquence, les deux maisons de Santiago furent vendues et la caféière fut achetée par Grove.

Le 20 juillet 1814, intervenait le traité de paix entre la France et l'Espagne. Pierre Laporte revenait aussitôt à Cuba et demandait l'annulation de la sentence du 7 novembre 1810. Le **sieur Samuel Grove ayant fait de mauvaises affaires, tombait en déconfiture en 1818.** Ses biens furent mis sous séquestre. Pierre Laporte mourut en 1820, et l'instance qu'il avait engagée fut suivie par ses héritiers.

Deux décisions rendues par le Tribunal Suprême de Guerre et de Marine de Madrid, le 24 octobre 1864 et le 20 octobre 1865, ont établi, d'une manière définitive, les droits des héritiers Laporte. Elles ont annulé la sentence du 7 novembre 1810, et **remis les héritiers Laporte en présence des ayants-cause de Grove.**

On comprend sans peine que la reprise des propriétés de Laporte n'est pas chose facile quand ses héritiers **se trouvent en face des représentants du sieur Grove tombé en déconfiture** et d'aliénations successives, qui ont eu **pour conséquence de faire passer** les maisons de Santiago et **la caféière entre les mains de détenteurs qui peuvent être de bonne foi.**

Il ne faut pas oublier non plus que les **sommes déposées dans les caisses royales** avaient été déclarées la **propriété de Grove,** et qu'elles ont dû être l'objet de saisies-arrêts ou de ces-

— 9 —

montant des sommes provenant de la vente de la « Sémiramis » et de sa cargaison est considéré comme étant à la disposition des tribunaux français et du Gouvernement de la France.

Erreur inexplicable, quand tous les documents disent le contraire. On n'a donc pas même ouvert le dossier ? La réclamation que l'on conseille ici a été faite en août 1871 (LXXXVIII, LXXXIX), en février 1873, (XCI, XCII), en mars 1883 (LCIII), le Tribunal (puis Conseil) suprême de Guerre et de Marine a ordonné l'exécution de ses sentences, en reconnaissant qu'il s'agissait de respecter le traité de 1814 (CIII). Le Gouvernement espagnol s'est opposé, par actes administratifs à l'exécution de décisions judiciaires rendues en faveur de citoyens français (LXXXVII). Ce fait seul exigerait l'intervention diplomatique du Gouvernement français, s'il n'y avait déjà l'obligation de faire exécuter le traité de 1814.

Argument détruit par l'article 1er additionnel du traité de 1814. Mais qu'on veuille bien répondre à ces trois questions : 1º les biens de Laporte n'étaient-ils pas revenus au pouvoir des autorités espagnoles après l'arrestation de Grove et la saisie de ses biens? — 2º le Gouvernement espagnol n'en était-il pas responsable à cette époque? —3ºPour quelle raison aurait-il cessé de l'être, puisqu'il les avait repris et que nulle décision judiciaire ne les avait attribuées à un représentant quelconque de Grove ? Voir les documents qui constatent qu'à partir de 1818, le Gouvernement espagnol s'est occupé d'administrer les propriétés de Laporte (LVII, LVII bis, LVII ter, LXI ter, LXII bis, LXII ter, LXII quater, LXII quinquies, LXIV). La sentence du 16 mars 1883 est-elle non avenue pour le rédacteur si bien informé de cette note ministérielle ?

Le mot « erreur » est faible pour caractériser cet invraisemblable argument. La question de la responsabilité du Gouvernement espagnol serait réglée depuis le 30 avril 1822 et personne jusqu'ici ne s'en serait aperçu !!! On aurait discuté du-

3

sions. Dans tous les cas, les difficultés qui surgissent de l'exécution des sentences du Tribunal Suprême de Guerre et de Marine de Madrid, ont le caractère de débats portant sur des intérêts privés, engagés entre particuliers. Il y a, pour résoudre ces différends, les voies de droit prévues par la législation espagnole elle-même. Si les sentences en question n'ont pas reçu leur exécution, les intéressés peuvent réclamer, par ministère d'avoué et d'avocat, auprès du tribunal qui les a prononcées.

On ne voit pas comment une réclamation diplomatique pourrait s'exercer dans ces conditions. Aussi ceux qui la sollicitent soutiennent que les biens de Pierre Laporte ont été séquestrés en vertu du décret de représailles du 15 juin 1809, à la suite de la déclaration de guerre entre l'Espagne et la France, et que le Gouvernement espagnol doit restituer ces biens conformément à l'article premier additionnel du traité de paix du 20 juillet 1814. Ils oublient que le 15 juin 1809, les biens de Laporte étaient déjà sous séquestre judiciaire à la demande de Grove ; que le séquestre politique n'a été décrété sur ces mêmes biens que réserve faite des droits de Grove, et que par sentence du 7 novembre 1810, Laporte avait été condamné à lui payer sur tous ses biens, une somme de 78.000 piastres. D'après cette sentence, Grove était déclaré propriétaire des sommes versées dans les caisses royales. Tous les biens de Laporte furent vendus pour l'exécution de cette sentence. Comment établir alors que quelque chose ait été retenu par le Gouvernement espagnol à titre de séquestre politique résultant du décret de représailles du 15 juin 1809.

Mais parviendrait on à l'établir qu'aucune action diplomatique ne serait possible de ce chef. En effet, une convention a été conclue à Paris, le 30 avril 1822, entre la France et l'Espagne, pour la liquidation des créances des Français sur le Gouvernement espagnol. Aux termes de cette convention, c'est le Gouvernement français qui s'est chargé de pourvoir au remboursement desdites créances, le Gouvernement espagnol se trouvant complètement libéré de tout ce qu'il pouvait devoir en vertu de l'article *rant 87 années depuis le règlement, sans que personne y ait fait la plus légère allusion !!! Du dossier de l'affaire le rédacteur de la note ne connaît rien ; mais il a découvert la convention de 1822, qui précisément n'en fait pas partie, parce qu'elle n'a aucun rapport avec la question. Si le rédacteur eût lu le traité de 1814, il aurait peut-être compris que la liquidation de 1822 est celle des créances pour la fixation desquelles les tribunaux n'ont pas eu à intervenir.*

premier additionnel du traité du 20 juillet 1814. Les ordonnances du 7 août 1822, 10 décembre 1823, 13 avril 1825, 24 mai 1826 et 5 mai 1830 ont réglé l'exécution en France de la convention de liquidation du 30 avril 1822. La totalité des créances jugées admissibles a été liquidée à la somme de 9.882 944 francs.

Pour les raisons exposées ci-dessus, le Ministre des Affaires étrangères se refuse formellement à intervenir officiellement auprès des autorités espagnoles en faveur des héritiers réels ou prétendus de Pierre Laporte. Ceux-ci auront à poursuivre le recouvrement de sa succession par toutes les voies de droit que laisse à leur disposition la législation espagnole.

Les documents, — on le voit, — détruisent jusqu'à la dernière syllabe, tous les arguments de la pièce officielle qu'on vient de lire.

J'ai cru naïvement que j'avais le double devoir, — en qualité de mandataire des réclamants et de citoyen français, — d'appeler l'attention de M. le Ministre des Affaires étrangères sur la maladresse commise dans un de ses bureaux. Je l'ai fait, avec preuves à l'appui, par lettre du 27 mars dernier. Je me suis attiré une riposte qui peut se résumer ainsi : « Silence dans le rang ! On ne raisonne pas avec les chefs ! » En voici le texte complet :

MINISTÈRE
DES
AFFAIRES ÉTRANGÈRES

DIRECTION
DES
AFFAIRES ADMINISTRATIVES
ET TECHNIQUES

CONTENTIEUX ADMINISTRATIF

RÉPUBLIQUE FRANÇAISE

Paris, le 30 avril 1909

Monsieur, j'ai reçu la lettre que vous m'avez écrite le 27 du mois dernier et le volume que vous m'avez adressé au sujet de la succession Pierre Laporte.

Mon département ne saurait entretenir avec les prétendants droit à cette succession une discussion sur le bien fondé de leur demande et sur les arguments qu'ils présentent. Lorsque des particuliers réclament l'intervention diplomatique, c'est au Ministre des Affaires étrangères qu'il appartient d'apprécier si les faits qu'on lui signale sont de nature à motiver une démarche officielle auprès d'un gouvernement étranger.

L'affaire Laporte a été soumise au Comité consultatif du contentieux du ministère des Affaires étrangères, qui a émis l'avis à l'unanimité, le 8 février 1888, que les réclamations soulevées se réfèrent à un débat entre particuliers dont le règlement relève exclusivement des tribunaux et ne saurait être suivi par la voie diplomatique. La nouvelle étude faite, au commencement de la présente année 1909, par le service du contentieux de mon administration a conduit à la même conclusion.

Les observations contenues dans votre dernière lettre ne sont pas de nature à modifier l'avis exprimé par le Comité consultatif du contentieux, par le bureau compétent du Ministère et par MM. Louis Renault et Weiss, professeurs à la Faculté de Droit de l'Université de Paris.

Dans ces conditions, je ne peux que m'en tenir à la décision que j'ai prise, conforme à celle de mes prédécesseurs, de ne pas adresser au Gouvernement espagnol une réclamation diplomatique que l'affaire en question ne comporte pas.

Recevez, Monsieur, les assurances de ma considération distinguée.

S. PICHON.

De cette lettre et de la note qu'elle prend sous sa protection, on est contraint de tirer ces conclusions :

1° Le Comité consultatif du contentieux du Ministère des Affaires étrangères et les deux savants professeurs dont le Ministère invoque l'opinion, ont été trompés, volontairement ou involontairement, par la production d'un dossier qui n'est pas le dossier vrai de l'affaire. Le comité et les jurisconsultes dont le sentiment a été demandé par les bureaux, sans que les intéressés aient été appelés à fournir la moindre explication, n'auraient jamais donné un avis impliquant la non existence de faits irréfutablement établis.

2° Les preuves évidentes n'ont aucune valeur en face des affirmations sans fondement des bureaux, et les constatations de faits ne sont, pour le Ministre, que de simples *observations*, dont il lui est loisible de ne tenir aucun compte.

3° Le Ministre, tout puissant, peut traiter, avec la dédaigneuse désinvolture dont on vient de lire un échantillon, les réclamations de pauvres citoyens français, uniquement soutenus par l'évidence de leur droit.

Je me suis entêté — à tort peut être — à vouloir rendre service au Ministre, aussi bien qu'à ses bureaux, en leur fournissant, par la réplique suivante, le moyen de se ressaisir avant l'éclat que m'impose mon devoir de mandataire et que je déplore d'avance.

A son Excellence Monsieur le Ministre des Affaires Etrangères

MONSIEUR LE MINISTRE,

J'ai reçu, datée du 30 avril dernier, signée de Vous, la réponse à une lettre que j'ai eu l'honneur de Vous adresser le 27 mars.

Si l'impossibilité matérielle où se trouve un Ministre de vérifier par lui-même l'exactitude et le bien-fondé de tout ce qui est soumis à sa signature n'était chose évidente et connue il me suffirait de lire la lettre qui m'arrive de Votre Ministère pour comprendre que Vous n'en avez pas la responsabilité réelle, l'affaire dont il s'agit ne vous ayant pas été soumise ou vous ayant été exposée d'une manière absolument contraire à la vérité, qui se dégage des pièces du dossier, à la condition qu'il soit complet et non altéré.

Opposer à une réclamation d'une éclatante justice des affirmations erronées ; déclarer que les documents authentiques qui prouvent la fausseté de ces affirmations ne peuvent modifier la résolution prise en vertu d'arguments démontrés sans valeur, et clore d'autorité la discussion, est un procédé d'absolutisme oriental, derrière lequel un Ministre de la République Française n'essaierait jamais, — j'aime à le croire, — d'abriter un déni de justice prémédité.

La question à résoudre se pose ainsi :

D'un côté, le Conseil Suprême de Guerre et de Marine de Madrid, haute juridiction du pays même contre lequel nous réclamons, ordonne, par deux sentences, la restitution des biens saisis sur le négociant français Pierre Laporte, et déclare, par un nouvel arrêt, daté du 16 mars 1883, que cette restitution doit avoir lieu en vertu du traité conclu entre la France et l'Espagne le 20 juillet 1814, lequel n'a pas encore été exécuté en ce qui concerne lesdits biens. Or, l'exécution d'un traité international ne peut être réclamée que par l'un des Gouvernements qui l'ont conclu.

De l'autre côté, un bureau du Ministère des Affaires étrangères de France, c'est à-dire du pays des héritiers lésés par l'Espagne, et auxquels le Conseil Suprême de Guerre et de Marine espagnol a cependant rendu justice, oppose à ces décisions souveraines les avis du Comité consultatif du contentieux et de deux jurisconsultes avis formulés sans que les intéressés aient été entendus, et sur les seules pièces et les seuls renseignements fournis par le bureau qui, depuis 1877, se montre ouvertement hostile aux réclamations de la famille Laporte.

Entre ces deux affirmations, l'une ayant force de loi, l'autre dénuée de preuves, fluctuante, échappant à tout examen sérieux, je sais quel sera votre choix, Monsieur le Ministre, le jour où mes réclamations parviendront jusqu'à Vous textuelles et non interprétées. Tôt ou tard elles Vous arriveront certainement ; car je ne reculerai devant aucun effort pour faire annuler, avant tout éclat, si c'est possible, une décision que mes collaborateurs et moi sommes résolus à combattre sur tous les terrains et par tous les moyens en notre pouvoir.

Je Vous prie, Monsieur le Ministre, de vouloir bien agréer l'hommage de mes sentiments respectueux,

C. DE TOURTOULON.

Aix-en-Provence, le 5 mai 1909.

Cette lettre n'a pas eu de réponse.

Il reste donc constaté :

1° Qu'au milieu de l'année 1877, le Ministère des Affaires étrangères de France a, pour des motifs inavoués, abandonné la défense des héritiers Laporte, et s'est déclaré, en fait, leur adversaire ;

2° Que, depuis trente-deux ans, il affecte de fermer les yeux devant les documents irréfutables qu'on lui présente, et qui lui sont connus d'ailleurs, puisqu'il les a lui-même invoqués pour la plupart avant sa volte-face ;

3° Qu'aujourd'hui, à bout de mauvais arguments, il se réfugie derrière un prétendu droit de soutenir ou d'abandonner ses compatriotes, sans avoir à donner d'autre raison que le bon plaisir du Ministre, c'est-à-dire des bureaux.

De toutes les hypothèses suggérées par cette prétention, la moins défavorable serait un essai de résurrection du « fait du Prince ». Mais cette tentative, — honteuse, puisque inavouée, — doit forcément échouer dans une démocratie digne de ce nom.

En conséquence, mes mandants, dépouillés de leur bien avec la complicité de l'administration française des Affaires étrangères, en appellent aux élus de la nation. Ils sont certains que l'issue de leurs instances convaincra d'injustice et de calomnie ceux qui osent prétendre qu'en France, le Parlement & les Ministres sont les très humbles esclaves de la toute puissante Bureaucratie.

C. DE TOURTOULON.

PIÈCES JUSTIFICATIVES[1]

I. — Lettre de marque pour le chebeck « le Réparateur » commandé par le capitaine Louis Brun. 22 vendémiaire, an XIV de la République, second de l'Empire Français (18 octobre 1805). Prorogée jusqu'au 8 avril 1808,

IV. — Circulaire et instruction du Ministère de la Marine de France, du 26 prairial an XIII (14 juin 1804), faisant « un nouvel appel au patriotisme des armateurs et capitaines pour les exciter à armer contre les ennemis de la France ».

V. — Décret du Gouverneur de Santiago-de-Cuba du 27 décembre 1807 : « Qu'il soit notifié au sieur Brun, capitaine du « Réparateur », que, étant, comme il doit l'être, prêt à effectuer son départ, il l'effectue immédiatement pour aller solliciter la sentence relative à la prise, laquelle doit être prononcée par le tribunal français du lieu de son armement ».

IX. — Décret du Gouverneur de Santiago-de-Cuba du 26 février 1808 : « ... Attendu que, dans la décision du tribunal français, la vente de la frégate « Sémiramis », avec tous ses apparaux et circonstances, est ordonnée, *afin que le produit en soit versé dans la caisse des Invalides de la Marine*... En ce qui concerne les dispositions relatives à la cargaison, Sa Seigneurie (le Gouverneur) acceptant, comme elle l'accepte, pour tout ce qui sera en son pouvoir et de son devoir, le mandat qui lui est conféré par M. le Général en chef de l'île Saint-Domingue par lettre traduite du 9 courant..... »

X. — Comptes de Thomas Carbonell, consignataire de la prise de la « Sémiramis ». 29 février 1808.

XIV. — Décret du Gouverneur de Santiago-de-Cuba rejetant la caution présentée par Laporte, et ordonnant le dépôt des fonds provenant de la « Sémiramis » dans les caisses royales de Cuba 1ᵉʳ juin 1808.

XIX. — Décret du Gouverneur de Santiago-de-Cuba déclarant que « le Gouvernement ne fera pas de ce dépôt l'usage qu'il a fait, pour les nécessités de cette place, d'autres dépôts n'appartenant pas à des étrangers... et que ledit dépôt « sera conservé intact et à l'abri de tout découvert et de toute dépréciation ». 2 juin 1808.

XX. — Lettre du Général Ferrand, commandant en chef à Saint-Domingue, au Gouverneur de Santiago-de-Cuba, du 21 juin 1808 : « ..... Je charge M. Couet-Montarand de réclamer le versement entre ses mains des fonds de cette prise, pour être versés dans la caisse des Invalides de la Marine de Saint-Domingue... »

XXV. — Réquisition contre Pierre Laporte, à l'effet d'exiger de lui la restitution de 15.816 *pesos fuertes* (81 000 francs) représentant la part de prise de l'équipage du « Réparateur ».

XXVI. — Procès verbal d'arrestation de Pierre Laporte ; saisie et inventaire de ses biens. 15, 16 et 17 février 1809.

XXIX. — Réclamation à Pierre Laporte de 6.868 *pesos fuertes* (36.000 francs), que le consignataire de la « Sémiramis » avait employés au paiement des droits dus aux Invalides de la Marine de France et de la part de prise du capitaine. 1ᵉʳ mars 1809.

XXXII. — Avis de l'administrateur du Domaine royal sur la valeur des marchandises saisies chez Pierre Laporte. 4 juin 1809.

XXXII *bis*. — Inventaire et estimation de marchandises saisies chez Pierre Laporte. 17 juillet 1809.

---

[1] Ces pièces portent, en chiffres romains, le numéro d'ordre qu'elles ont dans le dossier général de l'affaire. Elles sont classées selon leur rang numérique.

LXXIII. — Sentence de « vue » rendue par le Tribunal Suprême de Guerre et de Marine, le 24 octobre 1864 (1). — Magistrats siégeant en désaccord : l'Illustrissime Seigneur Don Manuel Bermida, l'Illustrissime Seigneur Don Jacobo Ulloa, l'Illustrissime Seigneur Don Manuel José Posadilla ; Départageants : l'Illustrissime Seigneur Don Rafael Liminiana, l'Illustrissime Seigneur Don Isaac Nunez de Arenas, l'Illustrissime Seigneur Don Antonio Rosales.

« Il est déclaré que les ayants cause de Pierre Laporte n'ont pas droit à être réintégrés dans les 15,815 pesos reçus par lui le 12 mai 1808 et qu'il a efficacement consignés en espèces l'année suivante 1809, ni dans les trois articles montant à 6,868 pesos rejetés dans le compte de Carbonell, provenant de la vente des nègres qui ont avaient été compensés par la valeur des cuirs et autres objets saisis chez Laporte, ni dans le surplus des fonds déposés dans les caisses royales, provenant de la vente du navire et de sa cargaison, tant qu'il ne sera pas justifié régulièrement que la sentence du 30 janvier 1808, prononcée par la commission administrative de Saint Domingue, a été confirmée par les tribunaux français, ou que, par abandon des recours légaux, cette sentence a acquis l'autorité de la chose jugée, que pour le moment sans qu'il soit nécessaire d'entendre Don Agustin de la Tejera y Oliva, il n'y a pas lieu d'accorder la restitution, sollicitée par lesdits ayants cause, de la caféière Santiago, attendu les indications relatives à la Tejera données par Pierre Laporte dans son testament du 6 juillet 1820, et attendu également que ce domaine lui fut adjugé en toute propriété par acte du 13 janvier 1823 de l'assentiment du fondé de pouvoirs de Don Samuel Grove et de

_____

(1) Afin qu'on ne nous accuse pas d'avoir fait des coupures intéressées, nous reproduisons les sentences dans leur intégralité. — Il est à remarquer que, selon l'usage du Tribunal Suprême, elles consistent uniquement dans le dispositif, les motifs n'étant pas indiqués.

celui de Don Carlos Preval, représentant les exécuteurs testamentaires de Laporte ; qu'en dehors de ces biens et de ces sommes, les ayants cause de Laporte ont le droit d'être réintégrés dans tous les autres biens et sommes qui furent séquestrés et dans les récoltes produites par la caféière depuis qu'elle fut saisie en février 1809 jusqu'au jour où elle a été adjugée à Don Agustin de la Tejera, et que, en outre, le leur revient le montant des mensualités qui, sur les biens appartenant à Don Pedro Laporte, furent remises à Don Samuel Grove durant le procès criminel qui fut instruit contre lui pour usage illicite de la lettre de naturalisation qui lui avait été accordée le 21 juin 1803. En tout ce qui, dans la présente sentence, s'accorde avec celle du 7 novembre 1816, dont il est appel ainsi qu'avec les actes du 28 juillet et 9 août 1822, cette sentence et ces actes sont confirmés. Ils sont révoqués quant au surplus. M. Arnaud Mailles est averti que, lorsqu'il s'adresse aux grands corps de l'État, il doit user des paroles respectueuses qu'exige leur hiérarchie. Que l'on restitue aux héritiers Laporte le montant du papier timbré employé par eux. Madrid, 24 octobre mil huit cent soixante quatre. Signé, le rapporteur (greffier) Van Bamberghen.

(Expédition délivrée par Don Antonio del Hoyo, secrétaire de Sa Majesté et greffier du Tribunal Suprême de Guerre et de Marine, le 28 juillet 1865).

LXXIV. — Sentence de révision rendue par le Tribunal Suprême de Guerre et de Marine, le 20 octobre 1865. — Magistrats siégeant : l'Excellentissime et Illustrissime Seigneur Don Juan Sevilla, l'Illustrissime Seigneur Don Evaristo de Castro, l'Excellentissime et Illustrissime Seigneur Don Joaquin Salafranca. — « La sentence de *vue* de ce suprême Tribunal du 24 octobre 1864 est complétée et réformée ; les héritiers de M. Pierre Laporte sont absous de l'accusation portée contre lui par Samuel Grove, le 25 janvier 1809 ; et, annulant l'adjudication faite à ce dernier de la caféière Santiago, propriété dudit Laporte, on la restitue aux héritiers de celui-ci avec les récoltes produites depuis qu'elle fut séquestrée, au mois de février 1809. Déclarons que les dits héritiers de Pierre Laporte n'ont pas droit à être réintégrés dans les 15,816 *pesos* reçus par lui le 12 mai 1808, et qu'il consigna effectivement en numéraire dans l'année suivante 1809, ni dans les trois articles s'élevant à 6.868 *pesos* rejetés dans le compte de Carbonell, provenant de la vente des nègres, et qui furent soldés avec la valeur des cuirs et autres objets séquestrés au préjudice de Laporte, ni au reste des fonds déposés dans les caisses royales, le tout provenant de la vente du navire et de son chargement ; lesquelles sommes doivent rester déposées jusqu'à ce que les personnes qui croiront y avoir des droits exercent les actions qui peuvent leur appartenir. Il est fait réserve des droits que Don Agustin de la Tejera et autres créanciers de Grove peuvent avoir sur ladite caféière ou pour toute autre cause contre Laporte, lesquels droits ils feront valoir où, comme et dans la forme qui leur paraîtra convenable. M. Arnaud Mailles est averti que, lorsqu'il s'adresse aux grands corps de l'État, il doit user des paroles respectueuses qu'exige leur hiérarchie. Que l'on restitue le montant du papier timbré employé par la partie des héritiers Laporte, et que pour l'exécution de la présente, on expédie l'ordre nécessaire. — Madrid, vingt octobre mil huit cent soixante cinq. Van Bamberghen, signé.

LXXV. — Note du ministre d'État d'Espagne à l'ambassadeur de France. — Novembre 1865.

LXXVI. — Note de l'ambassadeur de France au ministre d'État d'Espagne. — 10 juin 1865.

LXXVII. — Attestation du Conseil d'État de France, déclarant qu'il n'a pas été donné suite à l'appel de la sentence de Saint-Domingue. — 30 décembre 1864.

LXXVIII. — Attestation du Tribunal Suprême de Guerre et de Marine. — 24 novembre 1862.

LXXIX. — Mandement d'exécution des sentences du Tribunal Suprême de Guerre et de Marine. — 7 décembre 1865.

LXXIX bis. — Certificat constatant que les créanciers de Grove ne se sont pas présentés en justice quoique régulièrement assignés. — 19 décembre 1865.

LXXX. — Rapports de l'Intendant général du domaine royal de Cuba au Capitaine général de la même île, constatant que des sommes importantes, au nom de Pierre Laporte, sont inscrites dans les registres de la colonie. — 11 et 18 mars 1867.

LXXXI. — Transaction entre l'Intendant général du Domaine de Cuba et M. Arnaud Mailles, agissant au nom de tous les héritiers Laporte. — 4 mars 1867.

LXXXII. — Décret du Capitaine général, gouverneur supérieur civil de Cuba. — 19 août 1867 : « Considérant que la sentence de révision du Tribunal Suprême de Guerre et de Marine est circonscrite à l'objet de la demande du 25 janvier 1809 et à la restitution aux héritiers de Laporte de la caféière de Santiago et de ses récoltes depuis 1809, sans s'étendre aux autres biens mis en vente pour couvrir les responsabilités de Laporte pour les sommes correspondant à la vente de la frégate *Sémiramis* et de sa cargaison, dont le montant est considéré comme étant à la disposition des tribunaux français ou du Gouvernement de la France ».

— 14 août 1879 : — « La réclamation formée par les héritiers du sieur Pierre Laporte en vue d'obtenir une indemnité pour le séquestre pratiqué en représailles de guerre sur les biens qu'il possédait dans l'île de Cuba, a fait l'objet de nombreuses correspondances entre l'ambassadeur et le ministre d'Etat. Le fait de la confiscation a été prouvé devant les Tribunaux espagnols, qui ont prescrit la restitution des biens précités ; mais, en dépit de toutes les démarches des intéressés, ces jugements n'ont pas été exécutés... L'ambassade, tout en reconnaissant le bien fondé de la réclamation, a proposé un accord sur la base d'une grande réduction des prétentions précédemment émises ; mais ces propositions ont été repoussées par une note du ministre d'Etat datée du 15 juin de la même année (1877), et conçue dans des termes tels qu'il est bien difficile à l'ambassade de reprendre la question officiellement, au nom des ayants droit, sans de nouvelles instructions du département des affaires étrangères ».

CIII. — Sentence du Conseil Suprême de Guerre et Marine prononcée le 16 mars 1883, conformément aux conclusions du Fiscal (Procureur Général) : — « Le Fiscal de robe (1) a examiné avec soin l'écrit présenté par Don Casimiro Guma, agissant, suivant pouvoir régulier, au nom de M. Arnaud Mailles ; fondé de pouvoirs et représentant général des héritiers du sujet français M. Pierre Laporte. Ledit écrit formule une véritable plainte contre le tribunal de la Capitainerie Générale de l'île de Cuba pour n'avoir pas encore exécuté la sentence définitive prononcée par Votre Altesse (2) le 20 octobre 1865, malgré, dit le requérant, les nombreuses démarches faites à cet effet auprès dudit tribunal. — Ce procès est très ancien ; il est, en outre, compliqué et diffus. Néanmoins, nous croyons inutile d'aborder l'historique de toutes les péripéties par lesquelles il est passé, puisqu'il s'agit uniquement de l'accomplissement d'une décision exécutoire. Il suffit donc de soumettre au haut examen de Votre Altesse l'affaire qui motiva cette décision et les faits relatifs à son exécution, tels qu'ils résultent de la procédure.

« Dans le litige pendant entre Samuel Grove et Pierre Laporte, en premier lieu au sujet de la capture de la frégate *Sémiramis*, propriété du premier, par le corsaire français *Réparateur*, appartenant au dit Laporte, et plus tard au sujet de la requête présentée par ledit Laporte à l'effet d'être réintégré ainsi qu'il était juste, dans la légitime possession des biens qui lui avaient été saisis et séquestrés en conséquence des représailles qui, au début de la Guerre de l'Indépendance, eurent lieu entre l'Espagne et la France, l'affaire vint devant son Altesse le Tribunal Suprême de Guerre et de Marine qui prononça une solennelle et définitive sentence de révision, à la date, déjà citée, du 20 octobre 1865. Le mandement d'exécution ayant été adressé au Capitaine Général de l'île de Cuba le 7 décembre de la même année 1865, et les mois et les années ayant passé sans que les intéressés aient pu obtenir ce qu'au prix de tant de délais et de vicissitudes, qui ne prouvent point en faveur de la prompte administration de la justice, ils avaient enfin pu faire sanctionner par les tribunaux, ils se sont vus dans la nécessité de recourir à Votre Altesse , par requête du 4 août 1871, se plaignant du défaut d'accomplissement du dit mandat d'exécution. La Chambre saisie décida, le 8 novembre de la même année, d'expédier au Capitaine général de l'île de Cuba l'ordre d'exécuter, sans donner lieu à de

_____

(1) Le Tribunal ou Conseil Suprême de Guerre et de Marine comprend des magistrats d'épée ou militaires et des magistrats de robe.

(2) Titre qui était donné, il y a peu de temps encore, au Conseil Suprême pris dans son ensemble.

nouvelles plaintes, le mandement du 7 décembre 1865, enjoignant en même temps au tribunal de la Capitainerie Générale de faire connaître son avis, avec justifications au sujet de la plainte dont il s'agit. Ainsi fût-il fait, et, en conséquence, ledit Capitaine Général envoya une copie certifiée de la procédure suivie en vertu du mandement susdit, d'où il résulte que si l'ordre de ce Suprême Tribunal, aujourd'hui Conseil Suprême, n'a pas été éxécuté, la faute en est surtout à la morosité et à la négligence des intéressés, dont le procureur dans l'île de Cuba a retenu longtemps les pièces de la procédure, au point qu'il a fallu les lui reprendre d'office, et n'a pas fait les diligences nécessaires pour l'exécution des décisions du Tribunal

« En présence de ces explications, Votre Altesse a daigné, dans sa Chambre de justice, rejeter, par décision du 18 mars 1873, le recours en plainte porté, et déclarer que la partie réclamante devait user de son droit devant le tribunal de la Capitainerie Générale de Cuba, et y poursuivre sa demande par les moyens légaux qui lui paraîtront le plus convenables. Postérieurement à cette décision, et aux dates des 2 avril 1873, 20 août de la même année, 12 décembre 1876 et 6 mars 1877, les intéressés ou héritiers de la partie demanderesse adressèrent une supplique à Votre Altesse à l'effet d'obtenir que le greffe de la Chambre leur fournit diverses expéditions authentiques d'actes et documents qui leur paraissaient nécessaires pour justifier de leur droit à Cuba, ce qui leur fut accordé par votre Altesse par décisions des 13 avril et 22 août 1873, 15 décembre 1876 et 6 mars 1877. — L'affaire étant en cet état, Don Casimiro Guma, sous-mandataire régulier des héritiers de feu Pierre Laporte, présente au Conseil un écrit appelant la haute attention de Votre Altesse sur ce fait que dix-sept ans sont passés sans qu'il ait été possible d'obtenir la restitution des biens que les décisions exécutoires du Tribunal Suprême de Guerre et de Marine des années 1864 et 1865 avaient reconnu appartenir aux dits héritiers, et cela malgré les démarches constamment répétées faites auprès des tribunaux de guerre de l'île de Cuba, suppliant par ladite requête que les ordres antérieurs soient renouvelés au Capitaine Général de l'île de Cuba, afin que, sans excuse ni hésitation, il observe, accomplisse et rende exécutoire le mandement de Votre Altesse renfermant ladite sentence de revision du 20 octobre 1865, le prévenant sérieusement de n'avoir à faire aucun retard à l'avenir, et rappelant les responsabilités que pourraient encourir tous ceux qui ont à intervenir dans l'exécution de la sentence, sans préjudice de celle qui pourrait incomber audit Capitaine Général.

C'est donc ici un cas de stricte justice. Il s'agit uniquement de recourir à Votre Altesse pour solliciter sa haute inspection sur des faits relatifs à des tribunaux inférieurs, et il convient, de l'avis du soussigné, que la Chambre prenne vivement parti dans cette vieille affaire qui ne fait nullement honneur à l'activité de notre administration judiciaire. — Il y a bien près de soixante-dix ans que les principes de l'équité et de la justice, apparaissant dans nos traités internationaux avec la France, furent traduits, pour les deux nations, en des prescriptions en vertu desquelles on devait rendre aux victimes de spoliations et de séquestres les biens dont elles avaient été dépouillées par la force. Soixante-dix ans de peines infinies, de litiges sans nombre, de justifications obligatoires pour recouvrer ce que l'on possédait honorablement et légitimement ! Soixante dix ans, — longue période de la vie humaine, — durant lesquels ont disparu de ce monde, non seulement les êtres que le droit de la force avait dépouillés de leurs biens et de leur fortune ; mais jusqu'aux vestiges qui peuvent témoigner d'un juste titre de possession. — La haute pénétration de Votre Altesse ne peut méconnaître le tort immense que les intéressés à ces restitutions ont souffert par suite des retards et des multiples formalités d'un procès civil. Elle ne méconnaitra pas non plus la nécessité de ces démarches et de leur multiplicité lorsqu'il s'agit, comme dans le cas présent, de sanctionner juridiquement et de préciser en vue de l'exécution les limites du tien et du mien. Il s'agit ici d'obéir à un ordre exécutoire ; mais à un ordre qui enjoint la restitution de choses dont la forme et les caractères extérieurs se sont confondus et ont disparu soit par les accidents survenus pendant une période d'un demi siècle, soit par les translations successives de propriété, qui presque toujours modifient les limites de la chose possédée. Chaque instant qui passe, chaque année qui s'écoule sans qu'on ait rétabli dans leur droit les héritiers Laporte créent une nouvelle difficulté, et augmentent les obstacles qu'il faut écarter pour éxécuter les décisions de la justice. — Pour vaincre ces obstacles, pour procéder lentement et rigoureusement aux justifications exigées devant le tribunal qui doit accomplir l'acte de justice, on a employé déjà dix sept années, depuis que Votre Altesse a expédié le mandement d'exécution afférent à cette affaire. Les jours, le temps et les moyens étaient plus que suffisants, durant ces dix-sept années, pour restituer ce qui avait été confisqué et pour vérifier les titres du réclamant, Mais est ce que le Fiscal soussigné, reconnaissant, comme il ne peut s'empêcher de le faire, les droits du suppliant, entend que Votre Altesse doit résoudre de plano la requête présentée ? En aucune façon. Il y a, dans notre procédure civile, des formalités et une marche dont il n'est ni convenable ni juste de s'écarter, si l'on veut que les décisions de la justice soient en harmonie avec les sévères principes de l'égalité devant la loi, aussi bien qu'avec le désir de l'équité et de la sagesse dans l'exécution.

Il pourrait fort bien arriver que cette fois, de même qu'à l'occasion de la plainte formulée en 1871 par la même partie, il se trouvât 'des raisons qui justifient la lenteur du Tribunal de la Capitainerie Générale de Cuba, ou qui rendent impossible son action. Pressante et urgente doit être la justification que la Chambre demandera à ce tribunal, à l'effet d'expliquer d'une manière satisfaisante son retard à exécuter les ordres du Tribunal Suprême ; mais toute pressante et énergique, toute urgente et rigoureuse qu'elle doive être, il est nécessaire, il est juste de connaître avant tout, et d'avoir sous les yeux cette justification pour pouvoir juger la requête présentée. Sans entendre le tribunal contre lequel s'élève la plainte, devant qui l'affaire est pendante et dont la morosité ou le retard est en discussion, il n'est pas possible de se prononcer définitivement avec prudence et justice. Il est donc convenable que Votre Altesse daigne expédier une *lettre-ordre* au tribunal inférieur dont il s'agit, et, en y insérant la requête présentée, exiger avec la plus grande rigueur, que tout obstacle s'opposant à l'exécution de la sentence dont il s'agit soit écarté. En tout cas, qu'il soit fait un rapport justificatif sur les points visés par la réclamation, afin que la Chambre puisse décider conformément au droit. — Tel est l'avis du Fiscal de robe soussigné, sauf, comme toujours, l'opinion plus éclairée de Votre Altesse. — Madrid, 12 février 1883. — Betiges. — « Conformément à ce qui précède, a été rendue la décision dont la teneur suit :

« Magistrats siégeant : Son Excellence Don José Galvez Alvarez ; Son Excellence Don Antonio Nunez de Prado ; Son Excellence Don Gregorio Ayneto. — Madrid, seize mars mil huit cent quatre vingt trois. Soit expédiée une lettre-ordre au Capitaine Général de Cuba avec copie certifiée de la requête présentée et des conclusions du Fiscal, afin qu'il fasse un rapport avec justification. — Signé : Licencié Alix. »

Expédition délivrée par Don Victor Casado Garcia, greffier de guerre, délégué au greffe de la chambre du Conseil Suprême de Guerre et de Marine, à Madrid le douze juillet mil huit cent quatre vingt trois.

IMPRIMERIE DES ALPES-MARITIMES
6, Passage Gioffredo, 6 - NICE

AFFAIRE LAPORTE

QUESTIONS D'INTÉRÊT GÉNÉRAL A RÉSOUDRE

Le Ministre des Affaires étrangères de France peut il légalement permettre à un Gouvernement étranger d'attenter aux droits de citoyens français, alors surtout que ces droits sont proclamés par une haute juridiction — souveraine en principe, impuissante en fait — du pays même qui les méconnaît ?

Le Ministre des Affaires étrangères de France peut il légalement se refuser à prendre connaissance de documents authentiques, pour baser sa décision sur des affirmations contraires à la vérité, et qu'il ne tente même pas d'appuyer d'un semblant de preuves ?

Le Ministre des Affaires étrangères de France a-t-il le droit de ressusciter le « Fait du Prince » pour être agréable à un Gouvernement ami, et l'aider à dépouiller des Français incapables, en apparence, de lutter contre les administrations coalisées de deux pays ?

Si l'on veut bien prendre la peine d'ouvrir le « Mémoire soumis au Sénat et à la Chambre des Députés » pour jeter les yeux sur la note ministérielle (p. 8 et suiv.), dont tous les arguments, sans aucune exception, sont démontrés faux par les documents indiqués en marge, — et sur la lettre de notre Ministre des Affaires Étrangères (p. 11 et suiv.), qui semble ignorer l'existence de ces documents, plusieurs fois cependant signalés au Ministère, on verra qu'il n'y a dans mes paroles aucune exagération de fond ni de forme.

De la réponse aux trois questions ci-dessus dépend la solution de l'affaire Laporte, qui, en vertu de la convention conclue entre la France et l'Espagne le 26 février 1904, peut être terminée, sur la demande de la France, par décision de la Cour internationale d'arbitrage de la Haye.

Messieurs les Sénateurs et Messieurs les Députés sont instamment priés de n'ajouter aucune créance aux bruits qui pourraient circuler autour d'eux, non plus qu'aux prétendus renseignements non appuyés de preuves, quelle qu'en soit la source. Il s'agit uniquement ici de constater des faits, et cette constatation résulte clairement des pièces authentiques auxquelles nous nous référons.

Ces pièces font partie d'un dossier déposé à l'étranger. C'est le dossier primitif ayant servi à poursuivre la réclamation dès l'origine, et à obtenir gain de cause de la justice espagnole. Notre Ministère des Affaires Étrangères en possède, dans ses cartons, des copies qu'il dédaigne de consulter. S'il y a nécessité pour les réclamants d'en produire certaines parties, il sera indispensable que des garanties efficaces soient données pour empêcher que ces pièces ne s'égarent, le mandataire des héritiers Laporte ayant été prévenu officieusement qu'il ne lui serait délivré aucune expédition du dossier conservé aux archives du Conseil Suprême de Guerre et de Marine de Madrid.

REMARQUES ESSENTIELLES

Suivant une tactique assez vieillotte, certains défenseurs de mauvaises causes tentent de faire dévier la discussion en la portant sur des points accessoires. Désireux d'économiser du temps et des paroles, nous allons au-devant de ces Macchiavel démodés, en réfutant ici, par avance, ceux de leurs arguments par la tangente qu'il nous est permis de prévoir.

« Comment se fait-il, dira-t-on par exemple, qu'une affaire aussi ancienne n'ait pas été réglée depuis longtemps, si le droit est évident, comme on l'assure » Ceux qui parlent ainsi gardent sans doute le souvenir du personnage qui disait : « Je ne paie pas les vieilles dettes. Quant aux nouvelles, je les laisse vieillir ». Les Gouvernements ont mille moyens de laisser vieillir leurs dettes. Le Procureur général près le Conseil Suprême de Guerre et de Marine, c'est-à-dire l'un des plus hauts magistrats de l'Espagne, n'a pas craint de blâmer ces procédés dans les conclusions que nous rapportons, *in extenso* sous le numéro CIII de nos pièces justificatives, et le Conseil Suprême, Cour supérieure des colonies, a rajeuni notre créance par son arrêt du 16 mars 1883.

On alléguera peut-être, d'autre part, le peu de vraisemblance de l'attitude que nous attribuons à des bureaux français, incontestablement composés d'hommes honnêtes et intelligents. Cela est, en effet, très invraisemblable ; mais rien n'est plus vrai. Nous en donnons des preuves irréfutables, contre lesquelles aucune phrase sentimentale ne saurait prévaloir. On aura bien d'autres étonnements le jour où l'on se décidera à porter la lumière dans les arcanes d'une administration qui raisonne et agit comme au temps de Louis XIV. Sous le prétexte que certaines négociations internationales nécessitent le secret, — secret bien relatif, à notre époque, — elle se croit autorisée à traiter dans l'ombre et en dehors des intéressés, toutes les affaires de son ressort, y compris celles des particuliers, pour lesquelles le grand jour est une garantie de justice. C'est ainsi que le bon peuple qui fit 89, vit encore, sans s'en douter, sous l'empire du *fait du prince*, du *droit d'aubaine* et d'autres us, des moins recommandables, de l'ancien régime, encore aggravés dans la pratique. Elles sont curieuses, et parfois navrantes, les anecdotes qu'on pourrait conter à ce sujet.

Tenterait-on de nous persuader que l'on a voulu, dans un intérêt de pur patriotisme, s'attirer les bonnes grâces de nos voisins, en leur sacrifiant une poignée de Français, fort inconnus dans les sphères officielles ? On juge mal la noble nation espagnole en la confondant avec les fonctionnaires prévaricateurs, dont elle n'a pas eu toujours la force de se défendre. Elle a l'âme trop haute pour ne pas couvrir de son mépris quiconque chercherait à capter son amitié par des bassesses. « La somme est forte ; mais s'il est prouvé que nous la devons, nous la paierons », me dit un jour le grand patriote Sagasta, et cette parole m'a été répétée par ses successeurs.

D'ailleurs, notre Ministère des affaires extérieures paraît se faire de singulières illusions sur ce qu'on pense de lui à l'étranger. Savourant les formules de politesse qu'impose la courtoisie internationale, il ignore, — ou feint d'ignorer, — les vrais sentiments que sa faiblesse intermittente et capricieuse dans la défense des intérêts privés, inspire à nos amis du dehors, aux Anglais, par exemple, pour qui la rigoureuse protection de leurs nationaux est une forme de leur noble et fier patriotisme.

Le fait d'avoir volontairement méconnu la vérité pour donner à l'arbitraire l'apparence du droit, suffit à juger tous les prétextes d'intérêt public sous lesquels on essaierait de trouver un refuge. Nous ne pensons pas que, pour justifier cette façon d'agir, on rencontre aujourd'hui, même dans les recoins les plus moisis du quai d'Orsay, un héritier des quelques politiques du temps passé pour qui « diplomatie » était synonyme de « duplicité ». Tout le monde sait qu'il n'y a pas d'intérêt, — si général et si grave soit-il, — qui autorise l'État à priver un citoyen de ce qu'il possède légitimement, à moins d'une juste indemnité. En admettant qu'un pareil intérêt fût prouvé dans le cas présent, le Gouvernement français serait-il disposé à indemniser les héritiers Laporte du préjudice qu'il s'obstine à leur causer depuis trente-deux ans ? Il n'en manifeste guère l'intention.

Poursuivant nos hypothèses, nous aimons à croire que personne ne songera à salir de basses considérations politiques une affaire qui ne relève que de la conscience des honnêtes gens. Bien maladroite et bien odieuse serait une pareille manœuvre dirigée contre de nombreux et modestes réclamants, disséminés sur divers points de la France.

Enfin nous avons à compter avec la maladie latine : les grands mots, les phrases pompeuses, les périodes indignées, grâce auxquelles on espère enlever les applaudissements, qui dispensent des explications. En la présente circonstance, les honorables auditeurs de pareils exercices oratoires, ne seraient pas de ceux qui acceptent un couplet de bravoure à la place d'un raisonnement. S'ils se croyaient tenus d'applaudir l'un par politesse, ils sauraient exiger l'autre, par respect de leur propre dignité.

C. DE TOURTOULON.

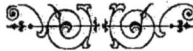

NICE—IMP. ALPES MARITIMES

A MESSIEURS LES MEMBRES DU SÉNAT
ET DE LA CHAMBRE DES DÉPUTÉS

Messieurs les Sénateurs,
Messieurs les Députés,

Muni des pouvoirs réguliers de vingt-trois citoyens français, à peu près tous ouvriers ou petits commerçants, j'ai l'honneur de recourir, en leur nom, à la haute et toute puissante autorité des Représentants de la Nation, afin qu'il soit mis un terme à un état de choses dont plusieurs familles souffrent depuis trop longtemps, contre toute justice, et qui révèle une déplorable mentalité administrative chez un peuple libre et civilisé.

Il y a, dans la présente réclamation, plus qu'une question d'intérêt privé, et, si Vous voulez bien ne juger que sur des faits constatés et des textes authentiques, en faisant abstraction des affirmations non appuyées de preuves, aussi bien que des phrases dépourvues de sens précis, de quelque côté qu'elles viennent, Vous serez étonnés de trouver dans notre administration des Affaires étrangères, au XXᵉ siècle, des procédés que n'oseraient employer bien des gouvernements des plus despotiques.

Les héritiers, pauvres et sans appui, du négociant français Pierre Laporte, décédé à Santiago-de-Cuba le 24 juillet 1820, réclament de l'État espagnol des sommes qui leur sont dues en vertu d'un traité international et de sentences des tribunaux mêmes du pays débiteur. La France, représentée par ses bureaux des Affaires Etrangères, refuse son intervention officielle, sans laquelle le règlement est impossible, ainsi que je l'expliquerai ailleurs. Ce refus de protéger ses nationaux dans un différend qui ne touche ni à la politique extérieure, ni à la politique intérieure, n'a jamais été accompagné d'aucune explication qui ne fût réfutée d'avance par des faits et des documents, que le Ministère aurait le devoir de connaître avant de prendre une décision. Le mauvais vouloir, jusqu'ici inexpliqué et trop évident, des bureaux a fini par prendre la forme d'une lettre ministérielle, datée du 30 avril dernier, dans laquelle est soutenu implicitement, mais clairement, la doctrine de l'infaillibilité administrative contre les actes authentiques et les décisions judiciaires. (Voir cette lettre dans le Mémoire ci-joint).

Un bel échantillon de cette infaillibilité nous est donné par la note ministérielle du 4 mars 1909, reproduite et réfutée dans le Mémoire annexé à la présente pétition. Cette note prétend justifier l'attitude prise par les bureaux, et n'articule pas **UN SEUL ARGUMENT** conforme à la vérité, qui résulte éclatante de textes formels et de faits incontestables. Je crois devoir en donner ici un exemple curieux : Notre Ministère a découvert récemment que la réclamation Laporte est caduque, depuis le 30 avril 1822, oubliant qu'elle a été déclarée admissible et fondée par une série de sentences, dont la dernière est du 16 mars 1833 et qui émanent du Tribunal Suprême de Guerre et de Marine, juridiction supérieure des colonies espagnoles. Les autres motifs allégués, pour être moins bizarres, n'en sont pas mieux fondés, ainsi que le prouve notre Mémoire.

On reste stupéfait (je devrais dire : effrayé) de voir la fortune et l'existence des citoyens, le renom de notre pays à l'étranger, — où l'on n'ignore aucune de nos faiblesses — à la merci d'une administration qui ne craint pas de substituer ses imaginations aux faits régulièrement constatés, et d'obtenir ainsi des avis favorables d'un Comité et de jurisconsultes, dont on ne saurait suspecter ni la compétence, ni la loyauté, mais qui n'entendent jamais les intéressés, se décident sur les seuls renseignements fournis par les bureaux. Il y a là un abus criant, qui n'est plus de notre époque, et qu'il convient au Parlement de briser pour jamais.

L'exposé sommaire de la réclamation Laporte, avec preuves à l'appui, se trouve dans le *Mémoire* qui vous est soumis, et qui défie toute contradiction.

Il convient de remarquer que la France n'est responsable de cet invraisemblable état de choses que depuis le milieu de l'année 1877, moment où notre Ministère s'est brusquement déclaré hostile aux héritiers Laporte, qu'il soutenait jusque là. Que s'est-il donc passé à ce moment ? A la suite de quelles conversations entre bureaux français et bureaux espagnols cette subite volte-face a-t-elle été résolue ? Ne désespérons pas d'éclaircir complètement ce point nébuleux avec l'aide même de l'administration, qui tiendra sans doute à honneur de ne pas laisser suspecter les motifs de sa conduite.

Serait-il vrai que nous ne pourrons jamais obtenir l'examen sérieux des pièces probantes, depuis si longtemps réclamé par nous ? Des amis dévoués du Gouvernement l'assurent, ajoutant que le Ministre des Affaires Étrangères est maître absolu de ses décisions lorsqu'elles ne peuvent nuire qu'à de vagues humanités, supposées incapables de se défendre efficacement. Ils affirment que, devant les Chambres, le Ministre, après de prétendues explications, que personne ne contrôle, se dérobe en demandant à faire une nouvelle étude de la question, ce qu'on n'ose lui refuser, et la solution est par suite renvoyée à un avenir indéterminé. C'est ainsi, en effet, que les choses se sont passées à la Chambre des Députés en 1879, et au Sénat en 1880, de telle sorte que durant huit études successives, autant d'enquêtes et six rapports d'ambassadeurs, un certain nombre d'héritiers Laporte sont morts de misère, en attendant que d'autres subissent le même sort.

On a dit aussi que le Ministre, poussé à bout, pourrait poser la question de confiance, d'une manière plus ou moins explicite, et que le Parlement se verrait contraint de sacrifier l'intérêt privé des réclamants à un intérêt politique supérieur, comme s'il existait quelque chose de supérieur à la justice, et si le mépris éhonté, affecté par l'État, des droits des particuliers ne serait pas la plus grave des atteintes portées aux intérêts généraux de la Nation.

Je me hâte de dire que je repousse la pensée qu'il pourrait se trouver en France un Ministre capable de tenter un pareil escamotage, et un Parlement disposé à se prêter à cette triste comédie.

Je dois encore prémunir les représentants du Peuple Français contre le sentiment généreux qui leur ferait craindre de paraître susciter un ennui à l'Espagne au moment où ce pays semble traverser une période quelque peu anormale. Il n'a pas tenu à nous que l'affaire Laporte n'ait été réglée en un temps calme et prospère. Nous ne demandons pas aujourd'hui qu'on renouvelle contre nos voisins d'outre-Pyrénées la démonstration belliqueuse dirigée, il y a quelques années, contre la Turquie, pour soutenir les légitimes revendications de financiers qui avaient fait une mauvaise spéculation. Depuis lors, une Cour d'arbitrage international a été instituée à la Haye. La France et l'Espagne se sont engagées, par une convention en date du 26 février 1904, à soumettre à cette haute juridiction « les différends d'ordre juridique ou relatifs à l'interprétation des traités qui viendraient à se produire entre elles, et qui n'auraient pu être réglées par la voie diplomatique ». Le Gouvernement de la République Française peut demander amicalement au Gouvernement de l'Espagne de transiger la réclamation Laporte ou de la soumettre à la décision de la Cour internationale de la Haye.

En présence d'une solution aussi simple et aussi pacifique, je n'ai pas seulement l'espoir, j'ai la certitude de voir accueillir ma demande.

Je suis, avec le plus profond respect,

Messieurs les Sénateurs,
Messieurs les Députés,

Votre très humble et très obéissant serviteur.

C. DE TOURTOULON.

Aix-en-Provence, le 3 Janvier 1910.

AUX JOURNAUX

MM. les Directeurs de journaux politiques de tous les partis, en France et en Espagne, sont instamment priés de protester, avec nous, contre les abus criants dont les héritiers Laporte sont victimes. Ils le doivent à la dignité des deux pays, et aussi au bon renom de la presse périodique, trop souvent accusée de faire payer son intervention en faveur des causes justes..... et des autres.

L'intérêt privé n'est pas seul en jeu dans cette affaire. Elle soulève des questions d'intérêt général, dont il importe d'avoir la solution.

DU MÊME :

La Succession Pierre Laporte ; Mémoire avec preuves à l'appui. — Montpellier 1889, in-4°, 90 pages.

Una Herencia en Cuba ; historia administrativa. — Madrid, 1900, in-18, 105 pages.

L'Affaire Laporte ; mœurs administratives espagnoles et françaises. — Paris, 1903, 1 vol. in-18, 298 pages.

Affaire Laporte ; exposé sommaire. — Opinions de magistrats et de fonctionnaires espagnols et français. — Paris, 1904, in-4°, 12 pages.

Réponse au Rapport de M. le Sénateur Don Francisco Lastres, avocat de l'Ambassade de France à Madrid. — Août 1905, deux cahiers (ensemble 30 pages), in-4° dactylographiés.

Réfutation des objections opposées aux héritiers Laporte par le Gouvernement espagnol, le Ministère des Affaires étrangères de France et l'Ambassade de France en Espagne. — Avril 1906, deux cahiers (ensemble 39 pages), in-4°, dactylographiés.

NOTA. — Les 4 cahiers ci-dessus ont été adressés, sous plis recommandés, au Ministère des Affaires étrangères de France, qui a toujours feint d'en ignorer l'existence.

EN PRÉPARATION

L'Affaire Laporte ; mœurs administratives espagnoles et françaises. — 2me partie.— La suite de l'historique. — Les Héritiers. — Les Prétendants. — Les Agents.— Les Fonctionnaires. — 1 vol. in-18.

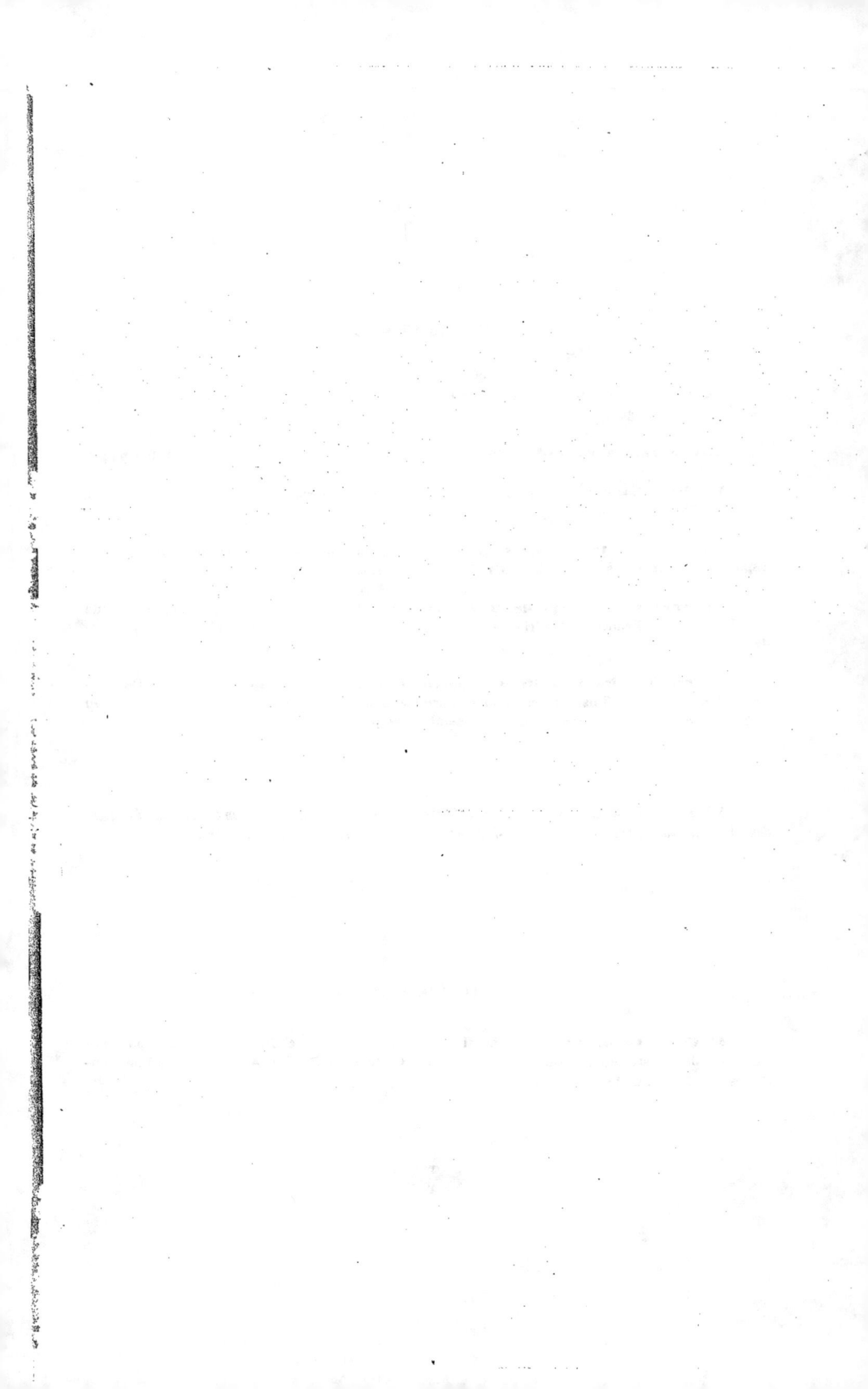

www.ingramcontent.com/pod-product-compliance
Lightning Source LLC
Chambersburg PA
CBHW060803280326
41934CB00010B/2533